세상에서 가장 소중한
내 사랑하는 아들, 딸에게…
아빠 아버지가

아빠, 아버지

하나님 아버지의 마음을 알게 해준 믿음의 육아일기

아빠,
아버지

안재호 글 · 김경환 그림

규장

"돌이켜 어린 아이들과 같이 되지 아니하면 천국에 들어가지 못한다."

2020년 동시대에, 아이같이 겸손한 저자 아빠의 모습을 통해 자기를 비워 종으로, 죄수로, 육신의 몸을 입고 오신 예수님의 모습을 볼 수 있어서 큰 울림이 있었습니다.

율법적으로나 지시적으로 교육하지 않고, 성령님의 음성에 민감하게 반응함으로 아이를 섬기는 모습에, 교육 또한 우리의 힘으로, 능으로, 학력, 자격증으로 할 수 있는 것이 아니라, 성령님의 나타나심과 그 능력으로 해야 함을 실증해주었습니다. 문장, 문단과 장의 골골마다 예수 그리스도의 몸의 지체 된 아빠의 피와 눈물과 땀이 촉촉이 배어 있습니다.

목회를 하다보면, 역기능적 가정으로 하나님 아버지를 믿기 힘들어하는 가정을 주변에서 많이 보게 됩니다. 이로 인해 예수 그리스도의 장성한 분량에까지 성숙하지 못해 고통받는 사람들이 많은 이 시대에, 우리 모두에게 가능성의 불빛을 비춰주는 책이라 생각합니다.

자녀 양육의 어려움 속에서도 귀한 글로 섬긴 현성, 현비의 엄마, 아빠에게 감사와 고마움의 박수를 보내며 추천합니다.

장갑덕(한국 기독교 홈스쿨 협회 대표, 카이스트교회 담임목사)

파스칼은 그의 저서 《팡세》에서 성경 해석의 두 가지 문제점을 지적했다. 하나는 '문자 그대로만 해석하는 것', 다른 하나는 '영적으로만 해석하는 것'이다. 성경은 하나님 말씀을 문자적, 영적 해석을 넘어 삶의 현장에서 직면하라고 추동한다. 예수 그리스도를 인격적으로 만나는 무대는 성경의 텍스트나 깊은 영적 세계뿐만 아니라 바로 하나님나라를 세워가는 이 땅이라고 말한다.

성경의 가르침은 육아 현장에서도 적용된다. 이 책 《아빠, 아버지》는 저자의 실제 아들인 '현성'을 통해 한 가정에 임하시는 주님의 섬세한 손길들을 기록하고 있다. 아이의 탄생에서부터, 성장 그리고 동행에 이르기까지의 여정을 아버지의 시선으로 스케치하며,

나를 자녀 삼아주신 '아빠, 아버지' 되시는 하나님의 마음을 이해해가는 여정을 담아내고 있다.

챕터마다 입혀진 일러스트가 따뜻한 느낌을 더해주며, 성경 말씀으로 마무리되는 구성이 참 좋다. 신혼부부 혹은 결혼 예비 커플 그리고 아이를 양육하고 있는 가정이라면 행간마다 서린 하나님 아버지의 사랑을 더욱 깊이 느끼게 될 것이다.

문종성(오륜교회 부목사, 《떠나 보니 함께였다》 저자)

하나님 아버지의 사랑을
나누기를 바라며

처음 아내가 임신한 사실을 알게 된 날, 새로 태어
날 아이를 맞이하기 위해 옷가지들을 정리한 날, 진통
이 시작되어 새벽에 짐을 싸 들고 병원에 간 날, 처음
태어난 아이를 손에 들고 씻겨준 날. 그 모든 순간들이
신비로웠습니다. 한 번도 가본 적 없는 길을 걸어갈 때
의 느낌일까요? 두려움 반 설렘 반. 미지의 세계에 들
어선 저는 한 생명의 아버지라는 존재가 되고 말았습
니다.

아버지가 되어보니 새로운 세상이 펼쳐졌습니다.
아이를 먹이는 것, 입히는 것, 달래고 재우는 것 하나

하나가 모두 낯설었습니다. 무엇보다 가장 낯설었던 것은 나에게 아이가 있다는 그 사실 자체였습니다.

한 아버지의 자녀로만 존재해 오다가 한 아이의 아버지가 된다는 것은 그야말로 새로운 도전이었습니다. 하나님 아버지께서 나를 그 새로운 도전의 세계로 초청해주신 것입니다.

성경에 숱하게 나오는 '하나님 아버지'라는 표현은 제가 아버지가 되기 전까지 추상적인 단어였습니다. 그저 아주 좋은 아버지상을 제 마음속에 그리고, 그 아버지가 나를 사랑해주시는 것으로 상상했습니다. 그러나 제가 아버지가 되고 나니, 아들을 사랑하는 아버지의 마음이 제 안에서 실제가 되었습니다. 나를 바라보시는 하나님 아버지의 마음이 어떠한지 조금씩 깨닫게 된 것입니다.

하나님 아버지의 그 크신 사랑을 다 알 수 없겠지만 이렇게 조금이라도 더 깊이 이해하게 하시는 하나님의 초청에 감사할 따름입니다.

처음 세상에 태어난 아이를 바라보며 새로운 세계를 경험했던 것을 시작으로, 자라나는 아이와 함께 시간을 보내며 하나님 아버지의 사랑을 묵상하게 되었습니다. 지인들과 이러한 마음을 나누려고 하나둘 쓰기 시작한 글인데, 어느 순간 하나님께서 이 글들을 모아 책으로 내면 좋겠다는 마음을 주셔서 여기까지 오게 되었습니다.

이 책을 내기까지 많은 응원을 주신 모든 분들께 감사드리며, 편집을 도와주신 안지은 목사님, 일러스트로 수고를 해준 김경환 형제, 격려와 조언을 해주신 문종성 목사님과 강희찬 매형에게 감사하다는 말씀을 드립니다. 또한 함께 육아하며 애써준 사랑하는 아내에게, 그리고 부족한 아빠 밑에서 잘 자라주고 있는 현성이와 현비에게도 고맙다는 말을 하고 싶습니다.

　마지막으로 지금도 나를 사랑하시며 아버지 되시는, 이 글의 주인공이신 하나님께 감사드리며….

매일 자녀를 통해
하나님의 마음을 배워가는

초보 아빠 안재호

Part 2 성장 걷고부터 동생을 만나기 전까지

Part 3 동행 동생을 만나고 나서

PART
1

탄생

태어나서 걷기 전까지

너를
처음 만난 날

    평강이(첫째 아이의 태명)가 배 속에 있는 동안에 아내는 자신이 어렸을 적에 예쁘지 않았는데 우리 아이도 예쁘지 않으면 어떻게 하냐며 걱정했다. 그 말을 듣고 보니, 나도 걱정이 되었다. 이전에 생각보다 예뻐 보이지 않는 신생아들을 "귀엽다"라고만 표현한 적이 있었는데, 혹시 우리 아기도 그러면 어쩌나 생각이 많아졌다. 새 가족이 탄생하는 시점에서 철없는 어린 부모는 '아들의 외모'라는 고민과 함께 평강이를 기다렸다.

    집에서 열두 시간, 병원에서 세 시간. 오롯이 아내

홀로 감당해야 했던 그 진통 끝에서 우리는 평강이를 처음 만났다. 지켜볼 수밖에 없었던 나도 온몸의 기운이 다 빠지고 마음 또한 고갈되었지만, 평강이를 보는 순간 새로운 기분이 솟아나는 것을 느꼈다. 충만한 기쁨으로 웃음이 나고 또 났다. 세상에서 가장 예쁜 아기를 만났기 때문이다. 나는 제일 먼저 고생한 아내에게 우리 아기가 예쁘다고 이야기해주었고, 아이를 씻겨준 후 신생아실로 보냈다.

병실로 돌아와서 평강이를 다시 만나, 이번엔 더 자세히 바라보았다. 정말 너무 예쁜 아기였다. 너무나 신비롭고 놀라웠다. 나에게서 나온 아이. 나의 반쪽을 가진 아이. 입을 오물거리고, 하품을 하고, 재채기를 하고, 웃기도 하고, 찌푸리기도 하고. 꿈틀거리는 모든 순간이 예쁜 아기. 보고 또 봐도 질리지 않아 계속 바라보았다.

내가 느끼는 이 감정은 내 아이가 객관적으로 세상

에서 가장 예쁘기 때문이 아니라는 것을 잘 안다. 그런데도 가장 예쁘다. '다른 사람'에게가 아니라 '나'에게 최고로 예쁘다. 나와는 다른, 나를 닮은 나. 새로운 내가 살아 움직이고 존재하는구나. 이 아이를 뭐라고 표현할 수 있을까?

손주가 태어났다는 소식에 건강이 좋지 않으신 평강이 할아버지가 KTX를 타고 단번에 달려오셨다. 아버지를 마중 나가 병원으로 같이 차를 타고 돌아오면서, 아버지께 물었다.

"아들을 보는데, 너무 예쁘고 귀엽고 사랑스럽고 어쩔 줄 모르겠어요. 아빠도 제가 태어났을 때 그러셨어요?"
"어휴, 말도 못하지…."

짧은 그 한마디 대답 속에서 문득 깨달아졌다.
내 아버지께 나도 너무나 사랑스럽고, 신비로운 존

재였구나. 나 스스로는 내가 그런 존재라는 것을 알 수 없었다. 아니 믿지 못했던 것 같다. 내가 누군가에게 존재 자체로 소중한 사람이라는 사실을 말이다. 삶에서 이리 치이고 저리 치이면서, 내 존재가 그동안 얼마나 작아져 있었는지…. 아빠가 되기 전까지는 몰랐다. 외모, 건강, 외적 요소가 나를 더 존귀하게 하는 것이 아니라 그저 누군가의 자녀라는 사실 그 자체가 나를 참 가치 있는 사람으로 만든다는 것을.

이 아이가 자라면서, 자기는 멋지지 않고, 잘생기지 않다고 하면 나는 어떻게 반응할까? 아마 웃음이 나올 것 같다.

"평강아, 나한테는 네가 세상에서 가장 멋있고 잘생겼어. 너를 알지 못하는 다른 사람이 널 어떻게 보든 무슨 상관이야? 너는 네 존재 자체만으로 특별하단다. 너는 나의 가장 소중한 아들이야. 그 누구도 너의 존재를 깎아내릴 수 없어."

그런데, 하나님께서 나를 보시면서도 이렇게 말씀
하시지 않을까?

"내가 너를 내 형상대로 창조했다.

너는 곧 나야.

내가 얼마나 너를 소중하게 창조했는지

너는 다 알 수 없을 거야.

외모? 학벌? 웃기는 소리!

그냥 네 모습 그대로 내가 얼마나 사랑하는데.

네 존재 자체만으로 얼마나 소중한데.

누구도 너의 존재를 깎아내릴 수 없어!

왜냐면 너는 곧 나거든.

사랑하는 내 아들. 내 딸."

아빠가 되어보니 세상의 모든 아들딸이 잘생기고
예뻐 보인다. 거리에 다니는 수많은 사람. 모습도 다르
고 개성도 다르지만 한 사람 한 사람이 누군가에게 얼
마나 소중한 아들딸이었을까. 또 하나님께 얼마나 소

중한 아들딸일까!

　우리는 그 사실을 잊고 산다. 그리고 누군가에게 소중한 존재가 되기 위해 애쓴다. 하지만 우린 이미, 누군가에게 가장 소중한 존재다.

　우리를 자기 형상대로 창조하신 하나님께.

하나님이 자기 형상 곧 하나님의 형상대로
사람을 창조하시되 남자와 여자를 창조하시고

창세기 1장 27절

거룩하심을
현명하게

할아버지께서는 나와 누나들의 이름을 직접 지어 주셨다. 아버지께서 우리 평강이의 이름을 짓기 위해서 기도하신다고 말씀하셨다. 그때 나는 아버지께서 할아버지의 전통을 이어받아 손주의 이름을 짓고 싶어 하시는 것 같아, 잠잠히 아버지의 뜻을 따랐다. 그리고 나도 기도를 시작했다. 아버지와 내가 함께 기도하면 주님께서 좋은 이름을 주시리라는 믿음이 있었다.

아버지께서는 며칠 기도하신 뒤에 평강이의 이름 안에 하나님, 예수님, 성령님의 이름 중 한 글자가 들어가서, 겸손하게 자랐으면 좋겠다고 말씀하셨다.

그때부터 가족들은 평강이 이름을 위한 다양한 의견들을 내기 시작했는데, 여러 차례의 회의 끝에 후보가 넷으로 좁혀졌다. 후보 중에 어떤 이름이 좋을지 고민이 되어 친가 식구들과 처가 식구들에게 기도한 뒤투표를 해달라고 요청을 드렸다.

최종적으로 한 이름이 가장 많은 투표를 받게 되었고, 최종 결정하기에 앞서 아버지께도 마지막 투표를 부탁드렸다. 어떤 이름이 가장 많은 표를 얻었는지는 말씀드리지 않았지만, 하나님께서 동일한 마음을 주셨다면 아버지께도 그 이름에 대한 확신을 주시리라 생각했다. 그런데 아버지는 가장 많은 표를 받은 그 이름 하나만 빼고 나머지는 다 괜찮은 것 같다는 마음이 든다고 대답하셨다.

상황이 이렇게 되자 나는 더 기도할 수밖에 없었다.

‘주님, 왜 이런 일이 일어났습니까?’ 우리 부부는 하는 수 없이 더 기도하며 상황을 지켜보기로 했다. 그러던 중에 가족 대화창에 큰누나가 ‘현성’이라는 이름이 어떠냐며 이야기를 한 것이 갑자기 눈에 확 들어왔다.

‘현성? 현성 괜찮네.’

현성이라는 이름이 어떤지 아내에게 물어보니, 아내는 내가 예전에 평강이를 위해 하나님께 드린 기도가 떠오른다고 얘기했다. 임신 중에 아내의 배에 손을 얹고 기도하다가 하나님께서 주신 감동으로 평강이를 위한 축복기도를 한 적이 있었는데, "이 아이는 하나님의 거룩하심을 드러내며 살아갈 것입니다"라는 것이었다. 그렇게 선포하며 기도했던 그 일을 나는 잊고 있었다. 하지만 아내는 인상 깊게 기억하고 있었다.

‘거룩하심을 드러내다. 현성.’
그 순간 감격이 넘쳐흘렀다. 내 아들의 삶에 선한 목

적을 부여하시고, 그 뜻에 합당한 이름을 지어주신 신실하신 하나님의 사랑에 감사와 찬양이 터져 나왔다.

네 개의 이름 후보들 중에는 하나님께서 평강이에게 주시려고 했던 이름이 없었다. 그래서 아버지와 다른 모든 가족이 정반대의 이름을 선택하게 하셨구나. 만일 모두가 같은 이름을 선택했다면 그 이름이 되었을 텐데. 하나님의 인도하심은 정말 극적이었다.

감사기도 후에 아버지께 현성이라는 이름이 어떠시냐고 여쭈어보았다. 아버지께서도 기도하시면서 그 이름을 흡족해하셨다. 아버지는 덧붙여 현성이의 이름의 한자를 '현'은 '어질 현', '성'은 '거룩 성'자를 쓰는 것이 좋겠다고 하셨다. 원래 주신 이름의 의미는 '나타낼 현'이었는데, 아버지의 말씀을 따라 '어질 현'으로 하는 것이 더 좋게 여겨졌다.

하나님의 거룩하심을 '현명하게' 드러내는 아이.

하나님의 놀라우신 계획과 인도하심 아래 '현성'이
라는 이름이 생기게 되었다. 너무나도 좋은 이름으로
선물을 주시고, 위대한 일을 시작하신 주님을 찬양합
니다. 할렐루야!

그러므로 너희는 이렇게 기도하라

하늘에 계신 우리 아버지여

이름이 거룩히 여김을 받으시오며

마태복음 6장 9절

예방
주사

현성이가 태어나서 처음으로 예방접종을 하는 날,
나는 보건소 직원에게 BCG가 어떤 주사인지 설명을
들은 후 현성이의 옷을 벗겼다. 갑작스러운 따끔함에
아이가 놀라진 않을까 싶어 "조금 따끔할 거야"라고
부드럽게 속삭여주었다. 하지만 갓 태어난 우리 아들
이 그 말을 이해하기에는 아직 아빠의 언어가 너무나
도 어렵다.

날카로운 주삿바늘이 작은 어깨를 찌를 때, 현성이
는 따끔한 감각에 울음을 터트리고 말았다. 대체 무슨

일이 일어난 것인지 알 수 없었다. 다만 갑작스럽게 느껴진 날카로운 통증을 온몸으로 견뎌야 할 뿐. 얼마나 놀랐을까. 나도 덩달아 눈물이 났다.

건강을 위해서 당연히 맞아야 하는 주사인데, 그 주사 때문에 울고 있는 아이를 보면서 나는 왜 눈물이 났을까? 비록 나중을 위한 잠시 잠깐의 아픔이겠지만, 그 찰나의 아픔마저도 없었으면 하는 것이 부모의 마음인 것 같다.

"현성아, 수많은 바이러스와 세균이 앞으로 너를 괴롭게 할 거야. 그것들을 이겨내기 위해서는 네가 이렇게 작을 때 잠깐 아파야만 해. 지금의 아픔이 있어야, 나중에 너를 더 아프게 할 나쁜 병균이 와도 이겨낼 수 있어."

지금의 고통이, 앞으로의 삶을 살아가는 데 더 건강함을 가져다줄 때가 있다. 잠깐의 시련은 힘든 세상을 헤쳐나가는 데 면역이 되어준다. 때로는 하나님께서 그 시련의 이유를 설명해주셔도, 우리가 아직 어려서 잘 이해하지 못할 수 있다.

하나님도 지금, 작은 일에도 힘들어하는 나에게 이렇게 말씀하고 계시지 않을까? 잠깐 예방 주사로 인해 힘들어하는 그 순간에도 함께 눈물 흘리시면서 말이다. 그게 부모의 마음, 하나님 아버지의 마음인 것 같다.

"아들아, 잠깐 따끔할 수 있어. 조금만 참자."

"잘했어, 우리 아들, 잘 견뎠네."

생각하건대 현재의 고난은
장차 우리에게 나타날 영광과 비교할 수 없도다

로마서 8장 18절

현성이의
일기

저는 할 수 있는 게 없어요.
심지어 목도 가누지 못해요.

그런데 사람들은,
아무것도 할 수 없는 저를
안아주면서 따뜻함을 느낀대요.

저에게 사랑을 주기만 하는 것 같은데,
오히려 저에게서 사랑을 받아간대요.

저는 아무것도 하지 못하는데,
진짜 중요한 일을 하고 있는 것 같아요.

그러므로 그리스도께서 우리를 받아
하나님께 영광을 돌리심과 같이 너희도 서로 받으라

로마서 15장 7절

사랑을 받는 것도 사랑하는 것이다.

나이가 들수록 나의 부족함이나 연약함을 다른 사람에게 드러내는 일이 어려워졌다. 성숙한 어른의 모습을 보여주기 위해서, 힘든 상황 속에서도 먼저 사랑해보려고 노력했던 것 같다. 그런 내 태도 때문에 어느새 사랑받는 것은 점점 더 어색해졌다.

하지만 현성이를 통해 배운 것은, 연약한 모습 그대로 사랑받을 때, 사랑받는 사람은 물론이고 사랑하는 사람도 행복해질 수 있다는 것이다.

때로는 상대방을 위해, 내 연약한 모습 그대로를 사랑하도록 내어주는 것은 어떨까? 서로의 존재를 맡기는 사랑. 서로 사랑을 주고받으면, 나도 상대방도 더 행복해질 것 같다.

널 위해
준비했어

 현성이가 사촌 형에게서 물려받은 점퍼루(제자리에서 뛰는 기구)를 탈 수 있는 개월 수가 되어, 상자에서 꺼내 조립해주었다. 구석에서 뚝딱뚝딱. 현성이는 가만히 앉아서 호기심 어린 눈으로 쳐다보다가, 내가 현성이를 쳐다보면 관심 없는 척 다시 장난감을 가지고 놀기를 반복했다.

 나도 문득 예전의 아빠 뒷모습이 떠올랐다. 아빠가 무언가를 만들고 계신 것을 보면서, 아빠가 무엇을 만들고 계신 것일까? 또 누구를 위한 것일까? 너무나 궁

금했다. 다 만들어진 장난감이 아빠 손에 들려진 것을 보면서도, '너무 갖고 싶은데 아빠한테 달라고 해도 괜찮을까?' 하는 마음에 선뜻 달라고 손 내밀지도 못했다.

현성이의 모습이 과거의 나와 참 닮아 있어 저절로 미소가 지어졌다. 조용히 아무 말 없이 뚝딱뚝딱 만들다가,

"짠, 이거 현성이 거야."

라고 말해줬을 때, 내가 기뻐했던 것처럼 우리 현성이가 기뻐해주겠지? 그 생각을 하니 묵묵히 땀 흘리며 조립하는 그 순간도 기쁘고 즐거웠다.

하나님도 지금 나를 위한 선물을 준비하고 계실 것이다. 나를 가장 잘 아시는 나의 아버지께서는, 내가 그 선물을 받을 적절한 시기를 아신다. 그것을 위해 지금도 뚝딱뚝딱 준비 중이라는 것을 느낀다. 내가 행복하

게 누릴 수 있는 선물을 주시기 위해서 말이다.

현성이를 위한 나의 마음보다 더 큰 하나님의 사랑으로, 오늘도 설레는 마음으로 아버지의 선물을 기다린다. 이제 아버지의 마음을 알았으니, 나는 그것을 오직 소망으로 기다리기만 하면 된다.

"짠, 이거 네 거야."

그가 사모하는 영혼에게 만족을 주시며
주린 영혼에게 좋은 것으로 채워주심이로다

시편 107편 9절

PART
2

성장

걷고부터 동생을 만나기 전까지

현성이의 부상

걷기 시작하면서 아이는 자주 다친다. 살짝 다치는 것이야 어쩔 수 없다지만, 크게 다치는 일이 생길 때면 부모로서 이성을 잃어버리게 되는 순간들도 생긴다.

얼마 전에는 현성이가 나를 향해 웃으며 달려오다가 실수로 발이 걸려 넘어졌다. 넘어지면서 침대 모서리에 머리를 심하게 박았는데, 그걸 보면서 순간적으로 내 마음이 무너지는 것 같았다. 아이에게서 잠시도 눈을 떼지 않고 보호하고 있다고 생각했는데, 다치는 것은 순간이었다. 커다란 혹과 피멍이 든 아이의 머리를 보면서 속상한 마음이 들었다.

다음날, 현성이와 함께 집에서 놀다가 아직 말도 잘 못하고 여전히 잘 걷지 못하는 어린 현성이에게 장난을 쳤다.

"현성아, 엄마한테 가서 '아빠한테 물 좀 갖다주세요'라고 말하고 와."

내가 하는 말을 설마 알아들을까 싶었는데, 재미있게도 엄마한테 가서 뭔가 열심히 설명하려고 했다. 그걸 보면서 '귀여운 우리 아들, 참 많이도 컸구나!' 하며 흐뭇해하던 찰나, 이번에는 현성이가 앞으로 넘어지면서 입술이 터졌다. 그때 또 한번 정말 미치겠다는 생각이 들었다.

'이빨이 다쳤을까? 피가 많이 나는데…', '아이의 머리는 괜찮을까?', '혹시 트라우마가 생기진 않을까?'

어찌할 바를 몰라 우왕좌왕하면서도 울고 있는 아이를 안아주는 것 외에 아무것도 할 수 없었다. 당장 응급실로 달려가고 싶었지만, 병원도 해줄 수 있는 게 없을 거란 아내의 말을 듣고, 아버지로서 내 모습이 무능력하게 느껴졌다. 알 수 없는 분노가 턱밑까지 차오르는 것을 느꼈다. 그리고 동시에, 마음속 깊이 억장이 무너질 듯한 절망감도 밀려왔다.

그때 갑자기 알 수 없는 생각이 스쳐 지나갔다.

'이럴 거면 때려치워!!'

어, 이것이 무슨 말이지? 내 안에서 들리는 분노의 소리는 분명 나의 말이었다. 이 말을 하나님에게 소리치고 있었다.

'이런 식으로 우리 아들을 다치게 하실 거면, 우리 아들을 보호하시는 것을 그만두세요!'

지금 생각해보면 나는 하나님을 우리 아들의 보호자쯤으로 생각했었던 것 같다. 보호자가 아이가 다치도록 직무유기를 하고 계시니 그만두시라고 말이다. 그런데 그런 내 모습을 보는 순간, 내 진짜 감정을 마주한 순간, 하염없이 눈물이 흘렀다. 어린아이가 자기 뜻대로 되지 않을 때 아빠 앞에서 우는 것처럼.

아이를 잘 키워보고 싶었는데, 내가 지켜줄 수 없다는 것에 대한 한계를 느꼈던 것일까? 한계는 좌절이 되고, 분노로 표출되었다가, 결국 아버지 앞에서 울게 된 것이다. 아이가 다쳐서 슬픈 내 마음을, 어린아이와 같이 아버지 앞에 다 내려놓으면서….

그때 하나님께서 나를 안아주시는 것을 느꼈다. 당신의 선하신 그 따스한 사랑은 나의 모든 아픈 마음을 녹여주었다. 그리고 내게 이렇게 속삭이시는 것 같았다.

"나를 신뢰할 수 있겠니?"

입술로는 주님을 신뢰한다고 말하면서도, 정작 내 뜻대로 현성이가 보호받지 못한다고 느낄 때 분노하는 내 모습. 그런 나를 주님은 가만히 안아주셨다.

앞으로도 현성이는 자라면서 크고 작은 상처를 입게 될 것이다. 그때마다 현성이를 주님께 맡겨드리고 싶다. 말로만이 아닌 전심으로. 왜냐하면 내가 신뢰하는 것 이상으로 주님은 선하신 분임을 경험하기에.

사랑하는 아이가 다치는 사건을 통해 내 믿음의 바닥을 보았다. 그리고 그 바닥에서 하나님의 선하심을 느낄 수 있었다.

앞으로도 더 보게 될 것 같다.

슬픔 중에 느껴지는 그분의 선하심을.

여호와께 감사하라

그는 선하시며 그 인자하심이 영원함이로다

시편 136편 1절

더러운 곳까지

　　현성이의 호기심이 왕성해지면서 사물과 세상에 관심이 많아졌다. 아직 혼자서 움직이는 것은 무서운지 아빠 손을 잡고 여기저기 가고 싶어 한다. 한번은 퀴퀴하고, 어둑어둑하고, 더럽고, 거미줄이 있을 것 같고, 오리걸음을 해야 겨우 갈 수 있는 그런 곳 앞에 섰다. 평소의 나라면 근처에도 가지 않을 곳인데, 아들이 들어가고 싶어 하니 왠지 그냥 현성이 손에 이끌리는 대로 따라가게 되었다. 그러면서도 속으로는,

　　'저기, 현성아… 내가 이런 곳까지 따라가야겠니?'

몸을 구겨 넣고 아들을 따라가면서도 빨리 나가자고 이야기하고 싶었다. 하지만 아들의 반짝이는 눈빛을 바라보니 차마 거절할 수 없어서, 현성이의 손을 잡고 반대쪽 벽 끝까지 다녀왔다.

이 상황에서 문득, 하나님도 우리 때문에 구질구질하고 죄 된 이 땅에 오셨구나 싶었다.

'저기 얘야? 내가 이런 곳까지?'

하나님은 빛나고 높은 보좌를 떠나 죄로 가득한 이 세상에 오셨다. 썩어 문드러진 우리 마음을 안으셨고 살기와 악취 가득한 우리 손을 잡으셨다.

그것은 아마도 더럽고 위험한 곳에서 헤어 나오지 못하는 우리를 이끌고 나오고 싶은 아버지의 사랑이 아니었을까?

거기 있을 그때에 해산할 날이 차서

첫아들을 낳아 강보로 싸서 구유에 뉘었으니

이는 여관에 있을 곳이 없음이러라

누가복음 2장 6,7절

경련

주일 오후, 교회에서 놀다가 현성이가 갑자기 경련을 일으키며 쓰러졌다. 경련하는 동안 아이는 숨도 쉬지 않았고, 눈은 떴지만 초점을 잃어가고 있었다. 나와 아내는 그 모습을 보며 순간적으로 현성이를 잃을지도 모른다는 두려움에 휩싸였다. 정신 차리라고 흔들어보기도 하고, 가슴압박을 하며…. 그렇게 얼마나 지났을까? 마치 2년 같았던 2분여의 시간이 흐르고, 감사하게도 아이가 다시 숨을 쉬기 시작했다.

주변에 도움을 요청하여 119를 불러 병원에 갔는

데, 고열로 인한 열성 경련이라는 진단을 받았다. 의사 선생님은 이런 증상을 지닌 아이들이 종종 있다고 담담하게 말했다.

입원실에서 우리는 물수건으로 끊임없이 아이의 몸을 닦아주었다. 그리고 조용히 앉아 처방받은 해열제와 수액 주사가 현성이 몸으로 들어가는 걸 보며, 아직 반응이 없는 현성이를 잠잠히 안아주었다.

경련은 끝났지만 여전히 초점 없는 눈으로 누워 있는 아이의 모습을 보니 마음이 무너져 내리는 것 같았다. 하지만 내가 마음을 굳게 먹지 않으면 아내도 아이도 무너질 것 같아 다시 마음을 다잡았다. 시간이 지나 열이 좀 떨어지자 아이는 점차 정신이 들기 시작했고 손가락으로 나와 아내를 가리키며 말했다.

"아빠, 엄마."
평소에 곧잘 하던 말이지만 오늘은 그 말 한마디가

어찌나 감사한지. 아빠를 아빠로 알아보고 엄마를 엄마로 알아보는 그 모습에, 참았던 눈물이 터져 나왔다.

'하나님, 감사합니다.'

죽었던 아이가 다시 살아난 것처럼, 내 아이와의 끊어졌던 소통이 다시 회복된 것이다.

죽어가는 자녀들을 바라보시는 하나님 아버지의 모습도 이렇지 않을까? 슬퍼할 틈도, 마음 무너질 틈도 없이 살려야 한다는 일념으로 쉴 새 없이 달리고 계시는 아버지.

언젠가 정신을 차리고 아빠를 알아보길 간절히 바라고 계시는 분. 그분의 자녀가 자신의 진짜 아버지를 알아보게 될 때, 그들이 "아빠"라고 소리쳐 부를 때, 하나님은 얼마나 감격하실까.

"하나님, 아빠, 아버지…."

주님의 마음을 배운다.

잃어버린 소통이 회복되는 것만으로도,

아버지에겐 너무나도 큰 기쁨이라는 것을.

부디 건강하기만 해다오.

나의 사랑하는 아들.

아버지가 이르되

얘 너는 항상 나와 함께 있으니

내 것이 다 네 것이로되

이 네 동생은 죽었다가 살아났으며

내가 잃었다가 얻었기로

우리가 즐거워하고 기뻐하는 것이

마땅하다 하니라

누가복음 15장 31,32절

우리 아들
잘하네

쓰레기 버리러 가는 길에, 현성이가 자기도 같이 들겠다고 한다.

"자, 그럼 같이 들자."

작은 현성이의 키에 맞게 낮춰 들기도 힘든데, 꽉 찬 쓰레기봉투 위에 현성이의 손까지 얹혀 더 무겁기까지 하다.

"이야, 우리 아들 잘하네. 아빠를 도와주기도 하고."

자기가 아빠를 도와주고 있다고 한껏 뿌듯해하는 현성이의 표정을 보며 아이가 한없이 사랑스럽게 느껴졌다.

하나님은 우리를 부르시고, 함께하자 하신다. 사실 하나님 입장에서는 내 손을 얹는 것이 일을 더 무겁게 만드는 것일지도 모르겠다.

그럼에도 하나님은 우리가 아버지를 도와드렸음에 뿌듯해하는 것을 보시고 기뻐하시며 이렇게 말씀하시지 않을까?

"이야. 잘했네. 우리 아들 우리 딸 잘했네."

모든 것을 하실 수 있는 하나님이 우리를 부르시는 것은 일손이 없어서, 능력이 없어서도 아니다. 아버지의 일을 함께하며 기뻐할 그분의 자녀들을 사랑하시기에, 그분의 일로 초청하시고 그 일을 함께해주시는 것이다. 막상 주님은 보이지 않는 곳에서 모든 일을 하셨지만 동참한 자녀들에게 잘했다며 칭찬하시고 고마워하시고, 자녀들이 뿌듯해하는 모습을 보며 함께 기뻐하신다.

오늘도 나를 그의 영광스러운 사역에 초청하시는 주님께 감사를 드린다. 나를 너무나도 사랑하시는 주님을 찬양한다. 할렐루야.

하나님이 그들에게 복을 주시며

하나님이 그들에게 이르시되

생육하고 번성하여 땅에 충만하라, 땅을 정복하라,

바다의 물고기와 하늘의 새와 땅에 움직이는

모든 생물을 다스리라 하시니라

창세기 1장 28절

아빠
저리 가!

현성이가 아주 어릴 때는 배고프거나 졸리거나 아플 때처럼 원초적인 이유로 울곤 했었다. 그런데 점차 자라나면서 우는 이유가 더 다양해지고 격해지기 시작했다. 그중 하나는 자기가 하려는 것을 다른 사람이 개입하려고 할 때이다.

아직은 어려 못하는 일이 많지만 스스로 하겠다고 울음을 터트리며, 한 번 작정한 일은 꼭 혼자서 하려고 한다. 독립심이 강한 건지, 이맘때 아이들이 다 그런 건지…. 이것저것 해보려는 시도는 좋지만, 때로는 어른의 도움이 필요한 부분들이 있는데, 순수한 자립심을 넘어 강한 자기 고집을 부릴 때가 있다.

또 그렇게 스스로 해낸 것에 만족하면 괜찮지만, 원하는 결과가 나오지 않을 때면 울며 괴로워한다. 아무리 도와주려 해도 도움을 거절하는 아이 옆에서 나는 기다릴 뿐이다.

'내가 조금만 도와줘도 할 수 있을 텐데, 이렇게 저렇게 하기만 하면 되는데….'

하나님 앞에서 우리의 모습도 그렇지 않을까? 하나님도 사랑하는 자녀들을 위해 얼마든지 개입하실 수 있고, 또 그러길 원하시지만, 그분의 자녀들을 존중하시기에 기다리실 때가 많은 것 같다.

나도 이제는 현성이가 혼자서 하도록 둔다. 그리고 기다린다. 도와달라고 말할 때까지. 하나님도 기다리고 계시지 않을까? 우리가 도와달라고 말할 때까지.

힘들 때, 괴로워질 때면, 아니 괴로워지기 전에 먼저 하나님께 도움을 요청해야겠다는 생각이 든다. 우리를 사랑하시는 아버지께서 기꺼이 도우시리라.

환난 날에 나를 부르라 내가 너를 건지리니

네가 나를 영화롭게 하리로다

빨리
눈이 왔으면 좋겠어

빨리 눈이 왔으면 좋겠어.

온 세상을 하얗게 덮은 반짝이는 눈을

너에게 보여주고 싶거든.

하얀색으로 가득 찬 세상을 보며

신기해 할 네 모습을 상상하니,

벌써부터, 설레는구나.

빨리 눈이 왔으면 좋겠어.

두툼하게 쌓인 눈이 온 땅을 덮으면

썰매 위에 너를 태우고

아빠가 끌어주고 싶거든.

처음 하는 놀이들을 함께하며,

기뻐하고 행복해 할 네 모습을 상상하니,

벌써부터, 기다려지는구나.

나의 사랑하는 자가
내게 말하여 이르기를 나의 사랑,
내 어여쁜 자야 일어나서 함께 가자
겨울도 지나고 비도 그쳤고
지면에는 꽃이 피고 새가 노래할 때가 이르렀는데
비둘기의 소리가 우리 땅에 들리는구나
무화과나무에는 푸른 열매가 익었고
포도나무는 꽃을 피워 향기를 토하는구나
나의 사랑, 나의 어여쁜 자야 일어나서 함께 가자

아가서 2장 10-13절

깨무는
버릇

현성이는 기분이 너무 좋을 때 깨무는 버릇이 있다. 나중에 다른 친구들도 깨물 수 있을 것 같아, 여러 번 타이르고 혼내보기도 했다. 하지만 쉽게 고쳐지지를 않아서 고민이 되었다.

한번은 내가 안아주는 것이 너무 기뻤는지 또 내 어깨를 강하게 깨물길래 "물지 않아요! 또 물면 혼나요" 라고 경고했으나, 잠시 후에 또 내 어깨를 깨물었다. 마침 경고도 했겠다, 아빠 말을 듣지 않고 행동하는 것에 대해서, 깨무는 것에 대해서 제대로 교육해야겠다는 생각이 들어 방으로 데리고 들어갔다. 이번엔 단호하고 강한 어조로 아빠의 뜻을 전해야 한다고 생각했다.

"아빠가 깨물지 않는다고 했지요!"
"현성이가 잘못했지!"

무서운 말투와 눈빛으로 현성이가 자기 잘못을 인정하도록 몰아붙였다. 더 불안해진 탓일까? 강하게 이야기하면 할수록, 아이는 더 울면서 인정하지 않았다. 아빠 말이 맞다고, 잘못했다고만 얘기하면 다음에는 그러지 말라고 얘기하며 안아주었을 텐데, 이걸 어찌해야 하나….

누구는 져주면 안 된다고, 버릇을 끝까지 고쳐야 한다고 말하는 사람도 있지만…. 나는 거기서 멈췄다. 이 방법은 지금 우리 아들에게 맞지 않다는 생각이 들었다. 대신에 안아주었다.

진정할 때까지 잠잠히 안아 준 뒤에,

"현성아, 아빠가 현성이 사랑하는 거 알지? 현성이가 깨물어서 아빠가 아야 했어."

그리고 다시 또 오랜 시간을 따뜻하게 안아주고 현성이에게 질문했다.

"현성이가 잘못했지요?"
"네."
"다음부터는 안 그럴 거지요?"
"네."

부모는 아이가 건강한 인간관계와 사회생활을 하도록 훈육한다. 아이의 미래를 위해서 사람 사이에 당연히 지켜야 할 것들을 가르치는 것은 중요한 일이다. 단호하게 잘못을 지적하고 스스로 인정하게 하는 것도 육아의 한 방법일 것이다. 하지만 현성이를 훈육하면

서 느낀 것은 잘못을 이성적으로 나열하고 혼내서 깨
닫게 하는 것만이 정답이 아니라는 것이었다.

현성이는 이미 자신의 잘못을 알고 있었다. 다만 자
기 잘못을 인정하더라도 버림받지 않을 것이라는 확
신이 필요했던 것이다. 현성이는 아빠에게 사랑받는
다고 느낄 때 자기 잘못을 인정했다. 사랑받는 자는,
더 이상 버림받을 것에 대한 두려움이 없다.

현성이의 모습을 보면서 죄인인 나를 구원하시는
하나님의 모습을 묵상하게 되었다. 죄 된 열매와 악한
습관으로 하나님과 사람들에게 아픔을 주면서도, 그
것을 잘못으로 인정하지도 않는 나를 보시며, 얼마나
답답하셨을까?

그런 나에게 아버지는 먼저 다가오시고 안아주셨
다. 나를 얼마나 사랑하시는지 내 죄를 위해 독생자를
십자가에 못 박으심으로 알게 하셨다. 그 한없는 아버

지의 사랑을 경험할 때, 두려움 없이 내 잘못을 아버지
앞에 고백할 수 있었다.

"아빠, 제가 잘못했습니다."

우리가 아직 연약할 때에

기약대로 그리스도께서

경건하지 않은 자를 위하여 죽으셨도다

의인을 위하여 죽는 자가 쉽지 않고

선인을 위하여 용감히 죽는 자가 혹 있거니와

우리가 아직 죄인 되었을 때에

그리스도께서 우리를 위하여 죽으심으로

하나님께서 우리에 대한

자기의 사랑을 확증하셨느니라

로마서 5장 6-8절

아빠 최고

현관 쪽에 외풍이 불어 들어와서, 현성이와 함께 방풍 비닐을 설치했다. 테이프를 붙이고, 비닐을 붙이고 나니 어딘가 허전해서 위쪽에는 레이스를 붙였다. 다 완성하고 한숨을 돌리려는 찰나 갑자기 현성이가 감탄사를 연발했다.

"이야, 예쁘다!"
그리고 이어진 한마디.
"아빠 최고~"

종종 우리가 "현성이 최고"라며 칭찬해준 적이 있었는데 그것을 기억했나 보다. 예상치 못했던 아들의 귀여운 칭찬에 아내와 나는 한바탕 웃었다. 값싼 방풍 비닐에 보잘것없는 레이스지만, 작은 것 하나에도 감탄하고, 아빠를 최고라고 불러주다니. 너무나 기분이 좋았다.

태초에 하나님이 해와 달과 별, 그리고 하늘과 바다와 땅, 그 위에 사는 모든 동물과 식물들을 만드시고 그것들을 사랑하는 자녀에게 주셨을 때, 그 말을 들으셨을까? 그랬다면 얼마나 기분이 좋으셨을까? 지금의 나의 마음과 같았을까?

"이야, 예쁘다! 아빠 최고!"

하나님께서는 태초부터 지금까지 나를 위해 많은 것들을 준비하시고 때에 따라 넘치게 공급하고 계시다. 그 선물은 아주 클 때도 있고, 아주 소소할 때도 있다. 어떤 것이든 주님이 내게 주신 모든 것들이 내 삶에 기쁨이 된다.

무뎌진 심장을 뛰게 해주는 뜻밖의 길거리 공연, 고단한 하루를 위로하는 아름다운 석양, 지친 몸과 마음에 새 힘을 주는 사랑하는 사람들의 말 한마디, 고통 중에 들려오는 하나님 아버지의 따뜻한 음성.

나이를 먹을수록 감탄사가 점차 줄어든다고 하는데, 때마다 주시는 하나님의 선물을 발견하고 그것에 감탄할 줄 아는 아들이 되고 싶다.

"이야, 예쁘다! 아빠 최고!"

할렐루야 그의 성소에서 하나님을 찬양하며

그의 권능의 궁창에서 그를 찬양할지어다

그의 능하신 행동을 찬양하며

그의 지극히 위대하심을 따라 찬양할지어다

나팔 소리로 찬양하며 비파와 수금으로 찬양할지어다

소고 치며 춤추어 찬양하며

현악과 퉁소로 찬양할지어다

큰 소리 나는 제금으로 찬양하며

높은 소리 나는 제금으로 찬양할지어다

호흡이 있는 자마다 여호와를 찬양할지어다 할렐루야

시편 150편

아빠랑 같이
가볼까?

아들과 키즈 카페에 갔다. 여러 놀이 기구 중 장애물을 통과하며 가는 정글짐이 있었는데, 키가 작은 현성이에게는 장애물 극복이 아직 익숙하지 않았다. 한번 가보라고 이야기해도 무섭다며 가기 싫다고 한다. 그래서 직접 내가 현성이 있는 곳으로 가서 얘기했다.

"아빠랑 같이 가볼까?"

그러자 현성이가 대답한다.

"응! 아빠랑 같이 가볼까?"

엄두도 내지 못하던 현성이가 용기를 내서 장애물들을 넘어서기 시작했다. 아빠가 같이 있으니 안전하다고 느끼는 것 같았다. 아빠와 동행하며 용기를 얻는 모습이 너무 대견하고, 감격스러웠다. 아이에게 아빠라는 존재가 이런 것이구나.

하나님이 우리를 창조하실 때, 우리를 혼자 두지 않으셨다. 그분께서 보내시는 곳으로 우리를 보내실 때, 주님은 우리를 고아와 같이 버려두지 않으셨다. 주님은 우리와 끝까지 함께 있겠다고 말씀하셨고, 오늘도 함께 가자 말씀하신다.

괜한 용기로, 근거 없는 자신감으로 홀로 가려다가 데여서 좌절할 때가 많다. 하지만 주님은 그런 나에게 다가오셔서 "두려워 말라 내가 너와 함께하겠노라"고 말씀하신다. 주님의 부르심에 용기를 내어 다시 한 걸음씩 가고 싶다.

"아빠… 못가겠어요"

"아빠랑 같이 가볼까?"

"응, 아빠랑 같이 가볼까!!"

그러므로 너희는 가서 모든 민족을 제자로 삼아
아버지와 아들과 성령의 이름으로 세례를 베풀고
내가 너희에게 분부한 모든 것을 가르쳐 지키게 하라
볼지어다 내가 세상 끝날까지
너희와 항상 함께 있으리라 하시니라

마태복음 28장 19,20절

할 수 없어

외출하기 위해 현성이와 함께 잠바를 입고 준비하고 있었다. 내가 이것저것 챙기는 동안 현성이도 자기 장난감 자동차를 챙기기 시작했다. 특히나 좋아하는 자동차가 책상 밑에 있었는데 그것을 꺼내기 위해 손과 몸을 요리조리 움직였다. 평소라면 현성이 혼자서 잘 기어가서 꺼내 올 텐데, 오늘은 두꺼운 외투가 방해하는 모양이었다. 조금 시도하다가 풀이 죽어 안 된다고, 못 한다고 짜증을 부리기 시작한다.

"현성아, 옷이 두꺼워서 그래."

내가 책상을 들어줬다.

"자, 이제 들어가 봐."

"안돼, 못해, 아빠가 빼줘!"

들어갈 공간을 충분히 만들어줬는데도 현성이는 울면서 칭얼거렸다. 아이를 달래며 하는 수 없이 내가 꺼내주었다.

한숨을 쉬며 생각해보니 이런 현성이 모습이 하나님 앞에서의 내 모습 같아 보였다. 내 방법과 능력으로 일했을 때 나는 실패했다. 하나님을, 아버지를 목 놓아 불렀다. 그래서 하나님께서 나를 도와주시려고 오셨다. 아버지는 내 곁에서 나의 부족함과 한계를 보시고 그 모든 어려움을 극복할 방법들을 마련하셨다. 하지만 이전에 실패한 경험이, 나 스스로를 제한할 때가 많았다.

'하나님, 저는 못해요.'

원망 섞인 탄식을 하며 주저앉은 날 보시는 주님의
마음은 얼마나 안타까우셨을까….

'하나님, 제가 다시 해볼게요.'

용기를 내고 싶다. 다시 한번 시도해보고 싶다. 내
실패의 경험이 주님과 함께하는 성공의 경험으로 바
뀌어 나가길 소망한다.

모세가 여호와께 아뢰되

오 주여 나는 본래 말을 잘 하지 못하는 자니이다

주께서 주의 종에게 명령하신 후에도 역시 그러하니

나는 입이 뻣뻣하고 혀가 둔한 자니이다

여호와께서 그에게 이르시되

누가 사람의 입을 지었느냐

누가 말 못 하는 자나 못 듣는 자나

눈 밝은 자나 맹인이 되게 하였느냐

나 여호와가 아니냐

이제 가라 내가 네 입과 함께 있어서

할 말을 가르치리라

모세가 이르되

오 주여 보낼 만한 자를 보내소서

출애굽기 4장 10-13절

쌀 놀이

현성이가 최근 말을 듣지 않고 어떤 일을 하든지 부정적으로 반응하며 "아니야, 싫어"를 반복한다. 하루는 쌀통을 보더니 그 안에 있는 쌀을 꺼내 바닥에 뿌리기 시작했다. 쌀을 바닥에 계속해서 흩뿌리고 있는 모습을 잠깐 지켜보다가,

"자, 그만 하세요. 아빠가 치울게."

거기다 대고 현성이는 떨어진 것을 한 번 더 손으로 흩어버린다. 그리고 쌀을 또 꺼낸다.

"그만 하라고 했지요."

또 흩어 버린다.

"아빠가 그만 하라고 했지!!!"

이내 소리를 지르게 되었다. 현성이는 살짝 겁을 먹은 듯하다가 아랑곳하지 않고 더 한다.

'이 아이를 어찌할꼬.'

방에 들어가 훈계를 할까? 벌을 세워야 하나? 이런저런 생각이 교차할 때, 아이의 마음을 헤아리게 되었다.

최근에 내가 허리를 다치면서 많이 놀아주지를 못했지…. 과거 아빠와 놀던 동영상들을 요즘 들어 많이 보던데…. 그 동영상들이 지겹지도 않은지, 거의 매일 보며 같은 부분에서 웃기를 반복한다. 현성이가 아빠랑 놀던 시간을 그리워하는 게 아닐까?

'그래…. 요즘 제대로 놀아주지도 못했네.'

치우는 것을 포기하고 오히려 더 적극적으로 어지러며 놀아보기로 결정했다. 점토 놀이용 포대기를 바닥에 깔고, 떨어진 쌀들을 주워 모아, 그 위에서 모래 놀이처럼 놀기로 시도해봤다. 단순한 놀이였지만 현성이가 너무 즐거워했다.

　　다 놀고 나니, 현성이가 다시 변하는 것을 느꼈다. 흐트러진 쌀을 모으는 것도, 정리하는 것도 적극적인 현성이의 모습에 놀랐다. 아이는 아빠와의 시간이 필요했던 것 같다.

살면서 혼자서 살아갈 수 있다고 하지만 우리는 아빠의 사랑이 필요하다. 놀아주지 않아도, 함께하지 않아도 괜찮다고 하면서도, 속 깊은 곳에 있는 마음은 아빠를 그리워하는 마음이다.

　　오늘 내가 그분의 뜻에 기쁨으로 순종하지 못하고 있다면, 어쩌면 나는 아빠 하나님의 사랑이 고픈 것이 아닐까? 오늘도 그 사랑을 더 깊이 누림으로 그분의 뜻 안에 거하고 싶다.

하나님이여 사슴이 시냇물을 찾기에 갈급함 같이
내 영혼이 주를 찾기에 갈급하니이다

시편 42편 1절

쌀 놀이 2

쌀 놀이를 하면서 좋은 아이디어가 떠올라서 현성이에게 물었다.

"좀 더 재미있는 놀이를 만들어볼까?"

현성이가 대답도 하기 전에 쌀로 작은 언덕을 만들고 빨대를 꺼내서 가운데 세우며 신나게 이야기했다.

"쌀을 돌아가면서 조금씩 가져가기 놀이 해보자. 빨대가 넘어지는 사람이 지는 거야."

"자 아빠 먼저. 다음 현성이~"

그런데 현성이는 손으로 빨대를 일부러 넘어뜨린다.

"어? 그럼 현성이가 지는 거야."

그런데 현성이에게는 아직 이기고 지는 개념이 없어 보였다. 이 게임은 여기서 포기. 다음 게임.

"현성아. 자 여기 현성이 숟가락. 이건 아빠 숟가락. 여기 바닥에 있는 쌀을 누가 더 빨리 자기 컵에다가 숟가락으로 떠서 옮기나 시합해볼까? 준비, 시~작!"

현성이는 자기 컵에다 한 번, 내 컵에다 한 번 쌀을 담는다. 이 또한 게임이 되지 않아 포기.

나는 계속해서 현성이에게 흥미 있을 것 같은 게임을 만들어내려 했지만, 현성이의 관심은 다른 곳에 있었다. 대단한 것을 하지 않아도 같이 손을 겹쳐 쌀을 만지고 함께 눈을 마주치는 순간 현성이의 얼굴에는 기쁨이 비친다.

이런 현성이 모습을 보면서 나 자신을 반성하게 되었다. 나는 그동안 얼마나 경쟁을 했었고, 배웠으며, 그 경쟁을 아이에게 가르치려 하고 있었나. 현성이는 그저 함께 노는 것이 즐거운 아이인데 말이다.

예전 인터넷에 초등학생들이 결승선에 다 같이 손잡고 들어오는 영상이 화제가 된 적이 있었다. 경쟁이 전부가 아니라는 것을 보여주는 아이들의 모습이 모두의 마음을 울렸기 때문이었을까….

아이와 함께 놀면서, 나도 아이에게 다시 한번 배우게 되었다. '경쟁'보다 아름다운 것은 '곁에 있는 사람과 함께하는 것'이라는 것을….

그가 많은 민족들 사이의 일을 심판하시며
먼 곳 강한 이방 사람을 판결하시리니
무리가 그 칼을 쳐서 보습을 만들고
창을 쳐서 낫을 만들 것이며
이 나라와 저 나라가
다시는 칼을 들고 서로 치지 아니하며
다시는 전쟁을 연습하지 아니하고

미가 4장 3절

아빠, 현성이 아파

　회사에 있는데 현성이에게 전화가 왔다. 아내의 전화기 너머로 목소리가 들려오는데 현성이가 울먹이며 이야기한다.

　"아빠, 기도해줘. 현성이 아파."

　알고 보니 넘어져서 팔에 작게 상처가 났다고 한다. 전화기에 대고 기도해줬는데, 계속 아프다 한다. 잘 달래고 끊었는데, 전화기 넘어 들려왔던 아이의 울먹이는 소리가 왜 이렇게 마음이 아픈지.

"아빠, 아파….."

그 목소리가 귓가에 맴돈다.

울며 아빠를 의지하는 아이의 목소리에 아빠의 마음속에는 불이 일어나는 듯하다.

우리가 하나님께 울며 아프다고 나갈 때,

하나님은 더하시지 않을까?

우리에게 있는 대제사장은
우리의 연약함을 동정하지
못하실 이가 아니요…

히브리서 4장 15절

PART
3

동행

동생을 만나고 나서

너무 지쳐서
그랬을까?

　둘째가 태어나던 날, 나는 기쁜 마음으로 출산 휴가를 내고 고생한 아내와 새로 태어난 둘째를 돌보려 했다. 그런데 그날 아침부터 현성이에게 고열이 시작되었다. 고열로 인해 경련까지 일으키게 된 현성이를 그냥 둘 수 없어 어린이 병동에 입원하게 되었다.

　금방 나아질 줄 알았는데, 하루, 이틀, 사흘이 지나도록 현성이의 열이 떨어질 기미가 보이지 않았다. 아내와 둘째는 진작 먼저 퇴원한 후였다.

나흘이 지나가는 밤, 병실 안이 답답해서인지 그날 따라 이상하게 현성이가 쉽게 잠을 이루지 못했다. 새벽 2시에도 계속 밖으로 나가자고 조르는 통에 나는 아직도 열이 높은 아이를 안고 복도를 하염없이 걸었다.

몸이 불편한지, 열이 떨어지지 않아 아픈지, 현성이가 잉잉거리기 시작했다. '다른 아픈 아이들과 피곤한 보호자들이 깨면 어떡하지?' 불현듯 불안한 마음이 나를 사로잡았다. 여러 번 '쉿', '쉿' 주의를 주고, 참다, 참다 현성이를 혼내기 시작했다.

"다들 자는 시간이야! 조용히 해! 울지마!"

하지만 현성이는 다그치면 다그칠수록 더 자지러지게 울었다. 급한 마음에 아이를 화장실에 데려가서 겨우 달래고, 이제 그만하고 방으로 들어가자 했는데 계속해서 방이 싫다고 한다. 복도에 놓인 벤치에 뉘어달라 조르길래 거기에 현성이를 뉘었다. 그러고 나서 버티고 버티던 내 마음의 인내심에 바닥이 드러났다.

둘째가 태어나기 전에 매일 현성이를 위해서 기도
할 때마다, 혼자서 부모의 사랑을 독차지하지 못할 때
올 수 있는 충격과 상실감으로부터 자유롭게 해달라
고, 사랑과 기쁨으로 동생을 맞이하게 해달라고 기도
해 왔었다.

처음에 현성이가 아프기 시작할 때는 '하나님께서
현성이를 생각하셔서 둘째가 태어날 때에도 아빠의
사랑을 받게 하시는구나, 이 시간이 감사하다'라고 생
각했었다. 중간중간 병문안을 오신 교회 집사님들과
목사님께도 그렇게 고백했었다. 그런데 지금의 나는
그 고백과 관련 없는 사람처럼 되어 있었다. 짜증을 내
는 아이의 감정과 아픔을 온몸으로 받아주느라 지쳤
고 마음 깊은 곳에서는 분노까지 끓어오르고 있었다.
속으로는 생각할 수 있는 온갖 부정적인 생각들과 욕
까지 하고 있는 나를 발견했다.

욥도 하나님을 욕하진 않았는데, 내가 무슨 고통스러운 상황이라고 이러고 있나 스스로 정죄하면서도 부정적인 생각을 떨쳐버릴 수는 없었다. 내 질문은 간단했다.

'왜 현성이를 회복시켜주시지 않나요?'
'왜 내 기도에 바로 응답해주시지 않나요?!!!'

그렇게 하나님께 내 원망을 쏟아냈다. 믿음의 모양은 온데간데없었고 내 마음은 찢긴 것 같았다.

'하나님 뜻이 아닌 내 뜻을 주장하는 것이 우상숭배입니다'라는 묵상 글을 썼던 나인데…. 글을 쓰면 뭐하나, 여전히 나는 묵상하고 이해한 내용을 따라 행동하지 못하고, 내 뜻만 주장하고 있는데….

한심한 내 자신을 책망하고, 하나님을 원망하고, 아픈 아들 때문에 괴로워하면서 복도에 앉아 지옥같은 밤을 보냈다.

다음날, 나아질 것 같지 않던 현성이의 몸이 회복하기 시작했다. 퇴원을 결정하고 집으로 돌아오니 어느덧 주일이 되어 있었다. 지친 몸과 마음을 이끌고 간신히 교회에 갔다.

하나님은 목사님을 통해 《지선아 사랑해》의 저자 이지선 씨에 대한 이야기를 들려주셨다. 교통사고로 온몸에 화상을 입고 자기를 살려준 오빠마저 원망스러웠을 때, 지선 자매의 목사님이 이렇게 말씀하셨다고 한다. "하나님께서 이때를 위해서 지선 씨에게 믿음을 주신 것 아니겠습니까?"

이때를 위한 믿음….

그 말씀을 듣는 순간 눈물이 났다. 몸도 마음도 너무나 힘들고 지친 그 순간, 소망이 없는 것만 같은 그 순간, 바로 이때를 위해서 하나님이 나에게 믿음을 주신 것이 아니었나?

내 힘으로도 살 만하고 내가 바라던 대로 인생이 순항할 때, 내 믿음은 사실 빛을 발하지 못했다. 하지만 더 이상 내 안에 소망이 없고, 그 어디에도 답이 없을 때, 믿음이 비로소 빛을 발한다.

병원 바닥에 앉아 하나님을 원망하던 내 모습은, 믿음 없는 사람의 모습이었다는 것을 절실히 깨닫게 해 주셨다.

설교의 끝자락에 목사님께서 또 한마디를 하셨다.
"불평은 가장 큰 죄입니다. 하나님의 선하신 뜻을 신뢰하지 못하는 죄이기 때문입니다."

그 말씀에 하염없이 눈물이 났다. 목사님의 말씀처럼 하나님의 뜻을 머리로 알지만 신뢰의 행동으로 이

어지지 않는 나를 보면서, '앎'만으로도 당연히 하나님 뜻대로 '행동'할 수 있을 것이라는 교만했던 내 자신을 돌아보게 되었다.

"나는 비천에 처할 줄도 알고
풍부에 처할 줄도 알아
모든 일 곧 배부름과 배고픔과
풍부와 궁핍에도 처할 줄 아는
일체의 비결을 배웠노라"(빌 4:12).

바울은, 모든 상황에 대처할 줄 아는 일체의 비결을 타고났다고 하지 않았다.

"배웠노라!"

나 또한 주님을 믿는 자이지만 내 안에 믿음은 여전히 행함의 배움이 필요하다. 모든 상황에서 결국은 선한 길로 인도하시는 주님을 신뢰하며 감사하는 자세를 배워가고 있다.

주님께 나를 내어 드린다.
나를 가르쳐주시기를.
내게 믿음을 더하시기를.

어떤 사람은 말하기를
너는 믿음이 있고 나는 행함이 있으니
행함이 없는 네 믿음을 내게 보이라
나는 행함으로 내 믿음을 네게 보이리라 하리라

야고보서 2장 18절

웨건

둘째가 태어나고, 동생을 맞이한 현성이에게 선물을 주고 싶었다. 움직임이 활발해진 현성이에게 미끄럼틀이 좋겠다 싶어 중고사이트를 한참 뒤졌다. 마침내 마음에 드는 것을 발견하자마자 놓칠세라 재빠르게 사러 갔다.

미끄럼틀 주인은 웨건도 팔고 있다고 넌지시 말하며, 혹시 살 생각이 없냐고 물어 왔다. 플라스틱으로 된 웨건인데, 현성이와 새로 태어난 현비(동생)를 함께 태워주면 좋겠다 싶어서 충동구매를 하게 되었다.

가져오고 나니 겨울이 되어 한동안 자리만 차지하고 쓰지 못하는 물건이 되었다. 아내는 둘째가 같이 타려면 한참은 커야 하는데 너무 일찍 산 것이 아니냐며 타박을 했다.

접을 수 있는 구조가 아니라서 차에 싣기도 힘들고, 가격도 중고치고 비싸게 주고 산 것 같고…. 이런저런 생각이 들며 괜히 샀나 하는 마음이 들었다. 그렇게 겨울을 지나 봄이 되어 처음으로 웨건에 현성이를 정식으로 태웠다. 집 근처 마트에 다녀오는 동안 잠깐 태워주었을 뿐인데, 그 사이에 현성이가 소리를 지르며 즐거워했다.

"아빠~ 재밌어! 까아~!"

너무나 신나서 행복해 하는 모습을 보는 순간 이런 생각이 들었다.

'그래 이 웨건은 제값을 다 했다.'

더 이상 웨건을 구매한 돈이 아깝지 않았다. 단 한번이라도 현성이가 이렇게나 행복해한다면, 그것만으로도 충분한 것이다.

사랑에는 합리적 계산을 뛰어넘는 그 이상의 무엇인가가 있는 것 같다. 그저 내 사랑하는 자녀가 온전히 행복할 수 있다면 그 무엇이 아까우랴. 우리를 보시는 하나님의 마음도 그러시리라.

자기 아들을 아끼지 아니하시고 우리 모든 사람을 위하여
내주신 이가 어찌 그 아들과 함께 모든 것을
우리에게 주시지 아니하겠느냐

로마서 8장 32절

니 똥 냄새야

　현성이가 태어나기 전에는 귀여운 조카와 노는 게
참 즐거웠다. 단 둘이 놀이터를 가기도 하고 맛있는 간
식도 사주며 좋은 시간을 많이 보냈다. 삼촌을 아빠보
다 더 좋아하는 것 같을 때면 조금 미안하면서도 내심
기분이 좋았다. 하지만 조카가 대변을 봤을 때 기저귀
를 갈아주고 닦아주는 일은 한 번도 하지 못했다. 솔직
하게, 대변까지 닦아주고 처리하는 것은 못하겠더라.
나중에 내 아이가 태어났을 때도 이런 부분을 못하면
어쩌지 하는 생각도 들었다.

시간이 지나 현성이가 태어나고, 변을 누었다. 엉덩이를 들고 닦아주는데 이상하게도 못하겠다는 생각이 들지 않았다. 분명히 냄새가 나는데, 냄새난다는 생각이 들지도 않을 뿐 아니라 전혀 더럽다는 생각도 들지 않았다. 그저 내 아들의 생리현상이고 변을 잘 보면 그것으로 감사했다.

아이가 자라고, 말도 잘하게 되었는데 여전히 기저귀를 떼지는 못했다. 대변을 본 아이의 엉덩이를 닦아주려면 세면대로 가서 기저귀를 벗긴 후 한쪽에 두고 씻기곤 하는데 최근 들어 현성이가 본인 기저귀에서 똥 냄새가 난다고 자기 얼굴을 그쪽으로 향하지 않게 해달라고 말하며 울었다.

어처구니가 없어 웃으며 현성이에게 한마디했다.

"니 똥 냄새야~"

예전 내 모습이 생각났다. 아주 어렸을 때, 실수로 바지에 대변을 싼 적이 있었는데 스스로 그것을 처리하고 싶지도, 보고 싶지도 않았다. 그저 엄마한테 치워달라고 떼쓰기만 했고, 냄새나는 내 대변을 멀리 하기만을 원했다. 당시 어렸음에도 불구하고 수치심을 느꼈던 것 같기도 하다.

그런데 아빠가 된 지금 나는, 내 대변은 여전히 싫어도 우리 아이 대변은 그렇지가 않다. 항문에 발진이 날 때면 항문의 대변을 손으로 직접 씻어주는 일도 비일비재하다.

하나님께서도 그러지 않으실까?

내가 싼 똥, 내 죄. 나는 냄새나고 수치스럽고 더럽게 느껴지는데, 하나님께서는 그 수치를, 내 더러워진 옷을, 내 죄악을 더럽다 하지 않으시고, 손수 씻어주셨다.

나는 부끄러운데,

주님께서는 내 수치를 보지 않으시고

'나'라는 존재를 보셨다.

그리고 나를 꼭 안아주셨다.

나도 나를 사랑하지 못했지만,

하나님은 그런 나를 사랑하셨다.

그게 아버지의 사랑인가보다.

미쁘다 모든 사람이 받을 만한 이 말이여

그리스도 예수께서 죄인을 구원하시려고

세상에 임하셨다 하였도다 죄인 중에 내가 괴수니라

디모데전서 1장 15절

소통

한동안 나도, 현성이도, 둘째 현비도 아팠다. 그러던 중 회사에서 일하고 있는데 현성이에게 전화가 왔다.

"아빠, 괜찮아졌어요?"

"응, 이제 괜찮아졌어요. 현성이는? 안 아파?"

"이제 괜찮아졌어요."

"응~ 이제 괜찮아졌어요~? 현비는?"

"현비? 아직 아파요."

"그렇구나. 현성이가 잘 보살펴줘~"

"응~"

"엄마는?"

"엄마? 엄마는 아직 안 아파요~"

"그렇구나. 우리 아들 보고 싶어요~ 사랑해요."

"응~"

"현성이도 아빠 보고 싶어요?"

"네~ 아빠, 변신 빠방이 부러졌어요. 던져가지고."

"변신 빠방 던져서 부러졌어? 어떡해~"

"아빠가 고쳐줘~"

"응, 아빠가 가서 한번 볼게~"

"응~ 아빠, 전화 끊어줘?"

"응, 끊어줘~"

그저 평범한 대화였다. 하지만 아들과의 이런 일상적 대화는 처음이었다. 아들이랑 이렇게 1분 이상 대화를 하며 통화를 하는 날이 오다니. 감회가 새롭다. 우리 아들 참 많이 컸구나.

주님도, 우리와 소통할 날을 기다리시리라.

그분의 음성을 듣고, 대답하고, 진득하게 주님 앞에 앉아 대화할 그 날을.

오직 사랑 안에서 참된 것을 하여
범사에 그에게까지 자랄지라…

에베소서 4장 15절

크리스마스
선물

　어린이집에서 산타 할아버지가 크리스마스 선물을 주는 행사를 한다고 부모님이 아이에게 줄 선물을 준비해달라고 했다. 현성이에게 무엇을 받고 싶냐고 물었더니 경찰차를 받고 싶다고 했다. 현성이가 경찰차를 받고 기뻐할 모습을 상상하니 기분이 좋았다. 인터넷으로 주문을 완료했는데, 문득 이런 걱정이 들었다.

　'가장 원하는 것을 사줬는데, 다른 아이들이 받은 선물을 보고 비교하며 내가 사준 선물에 만족하지 못하면 어떡하지?'

물론 나중에 원망하든지 안 하든지, 지금 받고 싶어 하는 것을 주고 싶은 게 아빠 마음이다. 하지만 받은 선물에 만족할 줄 알길 바라는 것도 아빠 마음인 것 같다.

본인에게 가장 필요했던 선물을 받아도 다른 사람과 비교하는 순간, 감사에서 원망으로 바뀌게 된다. 부디 비교하지 말고 아버지가 내게 주신 선물을 온전히 누릴 수 있길.

나도, 현성이도.

온갖 좋은 은사와 온전한 선물이 다 위로부터

빛들의 아버지께로부터 내려오나니…

야고보서 1장 17절

사탕
먹고 싶어요

"아빠, 사탕 먹고 싶어요~"

현성이가 사탕을 먹고 싶다고 했다.

아이는 그저 본인이 원하는 바를 말했을 뿐인데, 그때부터 내 머릿속은 복잡해진다.

'지금 사탕을 사주는 것이 이 아이에게 좋을까?'

'사탕을 자주 먹으면 이빨이 썩고, 또 밥 먹기 싫어져서 건강을 해치게 되진 않을까?'

'매번 사달라고 할 때마다 바로 사주면, 사주는 것을 당연하게 여기지 않을까?'

'무조건 거절하면 아이가 아빠의 사랑을 불신하진 않을까?'

'지금이 사탕을 사주기 가장 적절한 타이밍일까?'

짧은 순간에, 여러 가지 생각이 스쳐 지나갔다. 고민한 끝에, 모든 생각을 종합해서 현성이에게 답을 했지만 나의 대답은 상황에 따라 매번 달라진다.

"그래, 사러 가자."

"응, 지금은 일단 놀고, 이따가 집에 갈 때 사줄게. 기다려."

"밥을 잘 먹고 나면, 딱 하나만 사줄 거예요. 많이 먹으면 이빨 썩는단다."

"아빠가 맛있는 빵을 만들어봤는데, 오늘은 사탕 말고 이거 한번 먹어볼까?"

현성이는 단순한 한마디를 던졌지만, 그 말을 들은 아빠의 고민은 깊어간다. 우리가 하나님께 우리의 필요를 구할 때 하나님도 그러시지 않을까 싶었다.

"하나님, 저 이것 좀 주세요."

작은 신음 한마디 주님 앞에 내뱉을 때, 가장 좋은 것으로 가장 좋은 때에 주시기 위해 아버지의 고민이 시작되지 않을까?

현성이는 모른다. 단순한 아빠의 대답 속에 얼마나 많은 고민이 있었는지. 나도 결코 모른다. 하나님의 응답 속에 얼마나 많은 고민이 있으셨는지. 다만 기도함으로 신뢰한다. 내가 현성이를 사랑하는 그 사랑보다 더 크신 사랑으로 내게 허락하실 것을 신뢰하기에.

전도할 때마다 종종 듣는 이야기가 있다.
"기도하면 다 들어주시나요?"

그때마다 어떻게 답해야 하나 당황하기도 했지만, 지금은 그 질문에 이렇게 대답하게 된다.
"네, 다 들어주세요."

"정말?"

"네, 하나님은 아버지예요. 우리의 기도를 다 듣고 계시지요. 하지만 하나님은 우리가 기도한 대로 모두 행하지는 않으세요. 아이가 아빠에게 요구한 대로 아빠가 다 해준다면 아이를 망칠 수도 있거든요."

"모든 것을 아시는 아빠가 들었을 때, 아이가 구하는 것이 아이에게 가장 좋은 것이라면 가장 적절할 때에 주실 것이고, 만약 그렇지 않다면 아빠는 잠시 거절하셨다가 더 좋은 것으로 주실 거예요."

"그분은 우리를 누구보다도 사랑하시는 아버지이시거든요."

기도를 들으시는 주님께 감사한다.
내 작은 기도에 크신 사랑을 담아 응답하시는 주님을 찬양한다.

너희가 악한 자라도 좋은 것으로 자식에게 줄 줄 알거든

하물며 하늘에 계신 너희 아버지께서

구하는 자에게 좋은 것으로 주시지 않겠느냐

마태복음 7장 11절

젤리와 치카

밤이 되면 현성이의 반항이 시작된다.

"현성아, 자기 전에 치카(양치) 하자~"

"싫어~ 젤리 먹을래~"

"그럼 젤리 먹고 치카해~"

"네~"

젤리를 먹은 뒤,

"현성아, 젤리 먹었으니까 치카 하고 코 자자."

"싫어~"

"아까 치카 한다고 아빠랑 약속했잖아. 젤리 먹고 치

카 안 하면 이빨 다 썩어요~"

"싫어~ 치카 싫어~"

노래 부르며 재미있게도 해보고, 스스로 하게도 해보고, 만화도 보여줘보고. 그동안 여러 가지 시도들을 해봤지만, 양치할 때마다 실랑이가 벌어진다.

슬슬 화가 난 나는,

"현성이 이렇게 약속 안 지키면 다음부터 젤리 없어요! 다음부터 젤리 먹지 마!"

"……."

좋아하는 젤리를 주지 않겠다는 말로 위협하며 강수를 두었지만, 사실 내 속마음은 이랬다.

'아빠도 네가 좋아하는 젤리, 다음에도 또 주고 싶어. 그러니까 제발 치카 하겠다고 말하렴.'

아이가 자신에게 좋은 선택을 하며 돌이키길 바라

는 마음이 아빠의 마음이지, 다시는 젤리를 주지 않으리라 다짐하는 게 아빠 마음이 아니다. 아들이 좋아하는 걸 뺏고 싶지 않다. 다만 그것이 아들의 건강을 해치는 도구로 사용된다면, 그것을 잘 다루기 전까지는 잠시 주지 않아야 할 것이다.

우리는 때로 하나님이 내가 좋아하는 것을 다 빼앗아 가신다고 느낀다. 하지만 하나님의 본심은 그렇지

않다. 하나님은 우리에게 허락하신 모든 것들에 대해서, 우리가 스스로를 해치지 않는 선에서 잘 다루길 원하시지, 평생 평행선을 그으며 빼앗아 두길 원치 않으신다. 다만 우리가 그것을 다스릴 만한 자가 될 때까지 잠시 주지 않으시는 것이다.

현성이가 마음을 열고 돌이키길 기다린다. 그런데 기다리는 게 참 쉽지 않은 것 같다. 주님께서는 그동안 우리를 기다리며 얼마나 힘드셨을까?

너는 그들에게 말하라 주 여호와의 말씀이니라
나의 삶을 두고 맹세하노니
나는 악인이 죽는 것을 기뻐하지 아니하고
악인이 그의 길에서 돌이켜 떠나 사는 것을 기뻐하노라
이스라엘 족속아 돌이키고 돌이키라
너희 악한 길에서 떠나라 어찌 죽고자 하느냐 하셨다 하라

에스겔 33장 11절

질투

    요즘 들어 현성이가 동생을 귀찮게 한다. 아마 동생이 자기 사랑을 나누어 받는 것에 질투가 나는 듯하다. 동생이 가지고 있는 것을 뺏고, 동생이 어딘가에 자리를 잡고 앉으면 그 틈을 비집고 들어가 동생을 울리고 만다.

    부모로부터 사랑을 더 받고 싶은 마음은 알겠지만 두 아이 모두를 만족시키는 것이 쉽지 않아 한숨이 났다. 나도 아내도 현성이가 충분히 사랑받는다고 느끼도록 노력하지만 결국 동생을 향한 질투심은 완전히 사라지질 않는다. 몇 번을 경고해도 듣지 않길래 작정하고 혼을 냈다. 그리고 한참 훈육한 후에 현성이를 안아주며 말했다.

"현성아, 현성이가 동생이랑 싸우지 말라고 장난감도 많이 사주고, 현성이 목마도 태워주고, 키즈 카페도 가고, 원하는 거 다 해줬잖아. 현성이가 아빠한테 충분히 많이 받았으면 동생한테 잘 해줘야지."

그렇게 이야기하는 순간 '아, 이게 주님께서 그분의 자녀들에게 하시는 말씀이겠구나' 하는 생각이 들었다.

"내가 너희에게 많은 은혜와 복을 주었잖아. 아빠가 너의 필요들을 이렇게 채워주고 있으니, 너는 주변 사람들을 사랑해줘야 하지 않을까?"

아무리 가져도 만족하지 못하는 모습, 내 손에 쥐고 있는 것을 빼앗길까봐 염려하는 모습, 나만 더 가지려

고 발버둥치는 모습이 주님 보시기에 얼마나 안타까
우실까.

많이 받았다면,
더 많이 베풀 수 있길 주님은 원하신다.
거저 받았으니 거저 주어라.
복음도, 사랑도, 복도.

가면서 전파하여 말하되 천국이 가까이 왔다 하고
병든 자를 고치며 죽은 자를 살리며
나병환자를 깨끗하게 하며 귀신을 쫓아내되
너희가 거저 받았으니 거저 주라

마태복음 10장 7,8절

밥 투정

　현성이가 밥투정이 늘었다. 맛이 없다고 투정하고, 밥 안 먹고 싶다며 젤리만 먹겠다고 한다. 휴가 기간에 여행을 다니며, 아이의 잘못된 습관을 바로잡을 필요가 있겠다는 생각이 들었다.

　"맛이 없어. 밥 몇 번 더 먹어야 돼?"
　그동안 숫자를 세어가며 몇 번만 더 먹으라고 사정을 해가며 먹였는데, 이건 아니다 싶어 방법을 바꾸기로 했다.
　"현성아, 현성이가 먹고 싶은 만큼 먹어. 배부르게.

많이 먹어야 이따가 놀 때 배 안 고플 거야."

"그만 먹고 싶은데. 가서 만화 보고 싶은데."

"현성아, 먹기 싫으면 안 먹어도 돼. 그런데 안 먹으면 이따가 배고플 텐데, 그때는 밥을 줄 수가 없어요. 알았지?"

"응, 알았어. 그만 먹을래."

그렇게 저녁 식사를 마치고, 밖에 놀러 가서 모두 한참 재미있게 노는데, 현성이는 슬슬 배가 고프다고 하기 시작했다.

"아빠, 배고파~"

처음엔 가볍게 얘기하다가, 점차 배가 고파지는지 나중엔 울먹거리며 이야기기한다.

"배고파~~"

"애고, 어떡하지, 현성아 지금은 밥을 줄 수가 없어요. 밥 아까 많이 잘 먹었어야지."

"밥 많이 잘 먹을 거야~ 배고파."

"다음부터 잘 먹을 수 있어?"
"응, 다음부터 잘 먹을 거야~"

그때 내 마음은 갈등한다. 사실 내 마음은 벌써 줬다. 배고파 하는 아들을 어떻게 보고만 있을 수 있나. 하지만 여기서 밥을 주면 더 안 좋은 습관이 생길 것 같아서 주지 않기로 마음을 먹었다.

"그런데 현성아, 오늘은 밥 먹는 시간이 지나서 줄 수가 없어요. 오늘 잘 자고 내일 아침에 먹자. 다음부터는 잘 먹어요."

서운해 하는 아이를 바라보는데, 참 이래도 되나 싶었다. 무엇보다 마음이 아팠다. 배고플 게 뻔한데, 본인이 직접 경험해야만 깨달을 수 있으니.

탕자의 비유를 묵상하게 되었다. 둘째 아들이 집을 나갈 때, 아버지는 사실 다 알고 있었다. 그가 고생할 것이라고, 굶주리게 되고 결국 지쳐 힘들어 할 거라는 것을. 아버지에게는 자녀가 부모를 버리고 떠난 것에 대한 실망감도 있었겠지만, 자신을 떠나 고생하는 아이를 지켜보는 그 상황 자체가 더 큰 아픔이 아니었을까?

'아빠를 욕하더라도 못 떠나도록 붙잡아 둘까?'

하지만 탕자 아버지의 선택은 그 아이를 떠나보내는 것이었다. 본인이 직접 깨달아야 했다. 자신을 사랑하시는 아버지와 함께할 때만 진정한 기쁨과 평안, 자유가 있다는 것을.

지금도 하나님 아버지께서는 아픔을 감수하시면서도 많은 사람을 떠난 채로 두신다. 언제고 그들이 깨닫고 돌아올 수 있기를 바라시면서.

잠을 자는 내내 배고플 아이가 신경 쓰였다. 내 연약한 마음을 주님께 기대며 밤을 보냈다. 아침이 되어, 아침밥을 차려주었는데, 그 자리에 앉아 밥 한 그릇을 해치우는 아이를 보며 감사했다.

아이의 깨달음에는, 아버지의 아픔이 함께한다.
현성이도 그 아픔을 알려나….

또 이르시되 어떤 사람에게 두 아들이 있는데
그 둘째가 아버지에게 말하되
아버지여 재산 중에서 내게 돌아올 분깃을
내게 주소서 하는지라
아버지가 그 살림을 각각 나눠 주었더니

누가복음 15장 11,12절

율법주의

나는 어릴 적에 예민한 편이었다. 특히 더러운 것을 잘 참지 못했고 주름이 진 옷이나 이불도 싫어했다. 현성이도 나를 닮아서인지 예민한 편에 속한다. 옷에 뭔가 묻으면 그게 무엇이 되었든 견디지 못하고 한바탕 울고는 갈아입는다. 처음 몇 번은 '나를 닮아 그런가 보다' 하고 생각하며 대수롭지 않게 넘겼는데, 점점 더 스스로 감정을 통제하지 못하는 것 같아서 훈육이 필요하다고 생각하게 되었다.

어르기도 하고 혼내기도 하다가, 결국 하루에 세 번

만 갈아입기로 한다는 규칙을 정하면서 감정을 제어할 수 있도록 했다. 그렇게 시간이 흘러 옷에 대한 불안감이 어느 정도 가라앉는 듯 했다. 평화가 찾아오는 것처럼 보였는데….

또 다른 문제가 생겼다. 동생 현비가 옷을 자주 갈아입는 오빠의 모습을 보며 어느새 오빠를 따라 하기 시작한 것이다. 현성이는 불안감에 옷을 갈아입는 편이었지만, 현비는 그저 예쁜 옷을 입겠다는 호기심과 성취감에 자주 갈아입었고 그 자체를 즐기는 스타일이었다. 현성이와는 동기가 다르기도 하고, 3살이 된 딸이 호기심에 그럴 수 있다고 생각이 들어서 그런 현비의 행동을 크게 제지하지 않았다.

하지만 현성이는 내가 현성이에게 정해준 규칙을 현비에게도 동일하게 적용하길 원했다. 동생이 옷을 갈아입으려 할 때면 자주 갈아입지 말라며 혼을 냈고, 나에게도 달려와서 동생의 잘못된 행동에 대한 억울

한 마음을 쏟아놓았다. 하지만 둘의 행동 동기가 달랐기 때문에 동일하게 대하지 않았다. 현성이가 지켜야 할 규칙을 현비에게 적용하지 않는 이유를 충분히 설명해주었지만, 현성이는 그 상황이 끝내 못마땅한가 보다. 아마도, 현성이에게 정해준 규칙이 오직 현성이의 평안만을 생각하고 만든 약속이라는 것을 아직 이해할 수 없기 때문인 것 같다.

우리 각 사람에게 주시는 하나님의 규율도 그렇지 않을까 싶었다. 스포츠, 게임, 영상, 술 등에 대해 사람마다, 문화마다 다르게 주시는 하나님의 규율들.

나에게 주시는 하나님의 규율이, 나를 위한 사랑이라는 믿음이 없을 때, 두려움에 기반을 둔 억지 순종으로 이어지지 않는가?

억지 순종은, 나에게 적용하는 규율을 모든 사람에게 똑같이 적용하려고 하는 마음을 불러온다. 자기를

가둔 족쇄로 다른 사람을 가둔다. 그런 것이 율법주의
의 모습이 아닐까 싶다.

　우리 각 사람에게 규율을 주시는
　하나님의 사랑에 집중할 때,
　남을 정죄하는 율법주의에서
　벗어나는 시작이 된다.
　나를 사랑하시는 하나님의 사랑을
　온전히 누림으로,
　율법 안에서 참 자유를
　누릴 수 있었으면 좋겠다.

믿음이 연약한 자를 너희가 받되

그의 의견을 비판하지 말라

어떤 사람은 모든 것을 먹을 만한 믿음이 있고

믿음이 연약한 자는 채소만 먹느니라

먹는 자는 먹지 않는 자를 업신여기지 말고

먹지 않는 자는 먹는 자를 비판하지 말라

이는 하나님이 그를 받으셨음이라

로마서 14장 1-3절

낙심

회사 일이 다시 바빠지기 시작했다. 늦지 않게 퇴근하기 위해 쉬는 시간 없이 일해야만 했다. 퇴근 후에는 하루 종일 육아하느라 지친 아내를 쉬게 하고, 에너지가 넘치는 두 아이를 돌봐야 했다. 그러면서 동시에 마음이 무너지지 않기 위해 잠을 줄여가며 틈틈히 말씀 묵상을 했다.

내 모든 삶의 영역 안에서 사역을 한다는 생각으로, 회사에서도 전도하고, 집에서도 최선을 다했다. 하지만 시간이 지나도 상황이 크게 변하지 않는 모습들을 보며 몸도 마음도 지쳐 갔고, 결국 몸살에 걸려 눕게 되었다.

몸이 아프다보니 또다시 부정적인 생각들이 올라오기 시작했다. 회사 다니기 싫다. 아이들 돌보기 힘들다. 모든 것을 쉬고 싶다.

그때 사탄의 참소가 교묘하게 들어왔다.
"그래, 솔직히 그동안 네가 한 게 뭐가 있냐? 너의 사역이란 것에 열매가 있긴 했냐!"

나도 대답할 말을 생각하고 있었지만 반박할 아무 말도 찾지 못했다. 기회가 되는 대로 복음을 전하고, 모양으로는 크리스천으로서 타의 모범이 되고자 했지만, 주변에 아무도 회심하는 사람이 없었다. 또 육아로 힘들어하는 아내를 위해 최선을 다해 도왔고, 기도했지만 그 마음에 큰 위로를 주지 못했다.

나는 겉으로만 열심히 하는 사람인가?

내 삶은 가식적인가?

외식하는 사람이 아닌가?

끊임없이 고민하며 스스로를 돌아보았다. 내가 그동안 무슨 일을 해왔나 생각해보았을 때 나는 한없이 작게만 보였다.

세상은 내가 뭘 성취했는지를 물었고, 그것으로 나를 평가했다. 나 역시도 내가 무엇을 해냈는지로 나 자신을 평가하려 했다. 내가 무엇인가를 잘 해냈다고 생각할 때, 대단한 일을 한 것처럼 내 스스로를 드러냈다.

남편, 아빠, 아들, 회사원으로서의 역할, 심지어 크리스천으로서의 역할, 하나님나라의 사역을 '나름대로 했다'라는 생각에 기분이 좋아지다가도, 결과에 따라 낙심하고 좌절하기 시작했다.

나는 '하나님의 일'이라고 말하는 그 일들로 나를 규정 했지만 그것은 분명 하나님의 생각이 아니었다.

한없이 작아진 그 순간 하나님이 내게 새로운 마음을 주셨다. 오히려 열심히 앞만 보고 달리고 힘을 써서 열매를 맺고자 할 때 보지 못했던 것들을 알게 하셨다.

가만 보니 하나님은 내가 무엇을 성취했는지에 크게 관심이 없어 보였다.

하나님은 항상,

그저 '나'라는 존재 자체에

관심이 있으셨다.

하나님은 오래전부터,

내가 아무런 능력이 없을 때부터,

혹은 죄인이었을 때부터, 나를 사랑하셨다.

나의 어떠함 때문이 아니라,

내 존재 자체를 사랑하셨다.

다른 어떤 것에 내 마음을 두고 스스로를 평가하기 시작하면 나는 그것으로 인해 넘어지고 만다. 그것은 절대로 반석이 될 수 없기 때문이다. 오직 나의 든든한 반석은 내 존재가 이미 하나님의 자녀라는 사실이다.

'내가 한 게 뭐가 있는가, 내 사역에 열매가 있는가?'

사탄의 말을 생각해봤다. 이제 대답할 수 있다.

그래, 내 공로는 아무것도 없다.
앞으로도 없을 것이다.
하나님께서 나를 사랑하셔서
주신 것들에 나는 감사하고
기뻐하고 찬양할 뿐이다.
거기에 무엇을 보태려고 한다면,
거추장스러운 누더기 옷과 같을 뿐이다.
나는 그저 주님이 내게 주신 것들을
기뻐하며 누릴 것이다.

나를 존재 자체로

사랑하시는 하나님을 찬양한다.

지금부터 영원까지,

하나님은 찬양받기에

합당하신 분이다.

보아라, 내가 너희에게 뱀과 전갈을 밟고,

원수의 모든 세력을 누를 권세를 주었으니,

아무것도 너희를 해하지 못할 것이다.

그러나 귀신들이 너희에게 굴복한다고 해서 기뻐하지 말고,

너희의 이름이 하늘에 기록된 것을 기뻐하여라.

누가복음 10장 19.20절 새번역

흡족함

육아에 지쳐 몸이 약해진 아내를 위해 내가 휴직을
하게 되었다. 그와 동시에 집을 이사하게 되면서 현성
이의 어린이집을 옮기게 되었는데, 갑자기 변한 환경
이 낯선 탓인지 어린이집 가는 것을 힘들어했다. 이를
지켜보며 기도하던 중, 가정 보육에 대한 마음을 받고,
두 아이 모두 집에 데리고 있기로 했다.

처음에는 해보지 않았던 집안일을 하면서 피곤하고
버겁다는 생각이 들 때도 있었다. 매일 정신없이 빨래
에, 청소에, 식사 준비에, 아이들을 먹이고, 씻기면서,

생전 경험하지 못한 어지러움을 느끼며 그동안 아내가 얼마나 수고했는가를 새삼 느낄 수 있었다. 하지만 그것들조차 아이들 둘이 서로 싸울 때 힘든 것과 비교하면 아무것도 아니었다.

예를 들면, 현성이는 현비와 함께하고픈 마음에 이것저것 도와주고 싶어 하는데, 현비는 자기가 직접 무언가를 하는 것을 더 좋아한다. 그래서 현성이가 뭔가 도와주려고 할 때마다 오빠를 강하게 밀쳐내게 되고 현성이는 그 거절로 인해 받은 상처를 동생에게 쏟아낸다.

누가 딱히 잘못한 것은 아닌데, 서로 다른 성향 때문에 싸우는 것을 볼 때면 안타까워서 마음이 아팠다. 내겐 모두 소중하고 눈에 넣어도 아프지 않을 만큼 사랑하는 자녀들인데, 아이들이 서로를 미워하는 모습은 부모로서 지켜보기 힘든 모습이었다. 그래서 매번 하나님 앞에 이 아이들이 서로를 더 이해할 수 있도록 도

울 수 있는 지혜를 달라고 기도하곤 했다.

시간이 흘러서, 또 기도의 응답으로….

최근에는 현성이와 현비가 사이좋게 노는 시간이 많
아졌다. 아직 성숙하지는 않다. 하지만 서로의 성향을
더 이해하려고 노력하면서 둘이 맞춰가기 시작한 것이
다. 육아가 육체적으로는 힘들지만, 아이들 안에 사랑
이 자라나는 모습을 볼 때면 이 시간 하나하나가 너무
나 행복했다. 마음이 흡족하다는 게 이런 것이구나.

육아를 하면서 깨닫게 된 것은, 나의 마음을 가장 힘들게 하는 것도 자녀들 간의 관계이고, 나를 가장 흡족하게 하는 것도 자녀들 간의 관계라는 것이다.

하나님 안에서 한 자녀가 된 우리가 서로 싸우고 있을 때, 하나님 아버지의 마음은 어떠실까 생각해본다. 각 사람을 사랑하시고 너무도 잘 이해하시기 때문에, 서로 싸우는 모습을 보실 때 얼마나 마음 아파하실까? 반대로 우리가 서로 사랑할 때, 주님은 얼마나 흡족해하실까? 서로 사랑하라는 하나님의 말씀은, 참으로 아버지의 간절한 마음이신 것 같다.

새 계명을 너희에게 주노니 서로 사랑하라
내가 너희를 사랑한 것같이 너희도 서로 사랑하라

요한복음 13장 34절

한 사람이라도
아버지의 사랑을 만날 수 있다면

이상하게도 현성 일기(아빠, 아버지의 원제목)를 쓰고
나면 현성이가 아플 때가 많았습니다. 최근에도 원고
를 쓰고 나서 현성이의 열이 올랐습니다. 40도를 넘는
고열에 시달리는 현성이를 보며, 도대체 왜 이러는 걸
까 고민이 많이 되었습니다. 밤새 아이의 몸을 물로 닦
아주며, 언제 또 경련할지도 모른다는 긴장감에, 혹시
라도 제가 인지하지 못했을 죄를 회개하며 저 자신을
계속 돌아보았습니다.

그러던 중 문득 성경 인물들이 떠올랐습니다. 성경
의 수많은 인물들의 이야기가, 성경으로 기록되기까

지 그들의 삶에 얼마나 많은 고난과 피 흘림과 고통이 있었을까? 성경의 주옥같은 기록들로 인해 지금도 수많은 생명이 살아나고 있지만, 그 성경 기록이 쓰이기까지, 그들이 겪은 고난은 얼마나 컸을까? 그 고통을 바라보시는 아버지의 아픔은 얼마나 더 컸을까?

사실 고민이 많이 되었습니다. 이 책을 쓰는 것이 아이를 아프게 하는 것일까? 아이를 아프게 하는 것이라면, 이 글을 더 이상 쓰면 안 되는 것일까 하는 두려움도 생겼습니다. 하지만 하나님 아버지께서는 당신이 주저함 없이 성경을 써 내려가셨듯이, 저도 계속해서 현성 일기를 써야 한다는 마음을 주셨습니다. 그분이 너무나도 사랑하시는 자녀들의 아픔이 있었지만, 말씀의 역사를 멈추지 않으셨듯이…. 그 생명의 말씀을 통해, 수많은 사람이 그분의 사랑과 생명을 더 경험할 수 있도록 말입니다. 그러한 면에서 성경은 아버지의 눈물의 기록이라는 생각이 들었습니다.

현성 일기를 쓸 때마다 현성이가 아프곤 했던 것은 성경을 기록하신 하나님 아버지의 아픈 마음을 알게 하심이 아니었을까 생각해봅니다. 그 아픔의 정점에는 예수님의 고난이 있겠지요. 자녀를 사랑하시는 그분의 뜨거운 사랑.

현성이의 아픔은 저의 깨달음만을 위한 것은 아닐 것입니다. 현성이의 성장에도 분명 필요했고, 저와 아내도 주님을 더 깊이 의지할 수 있었습니다. 제가 다 알지 못하는 하나님의 선하심이 있습니다.

다만, 현성 일기를 통해 아버지의 그 뜨거운 사랑의 마음이 조금이나마 전달되길 기대해봅니다.

현성이의 모든 삶을 통해

새로운 생명들이 피어나길.

현성이의 이름처럼

하나님의 거룩하심을

지혜롭게 드러내는 이야기들이 되길.

보좌에 앉으신 이가 이르시되

보라 내가 만물을 새롭게 하노라 하시고

또 이르시되 이 말은 신실하고 참되니

기록하라 하시고

요한계시록 21장 5절

내 안에 사랑 없음을 발견하고
크게 실망했다면…

문득 옛날 기억이 납니다. 수련회를 참여할 때, 리더가 되어 제가 맡은 멤버들을 바라보는데, 제 안에 사랑이 없음을 보고, 사랑해야 하는데, 마음은 그렇지 않음을 보고, 너무나도 힘들어했던 기억이 납니다.

살면서 '사랑 없음'에 대해 묵상하게 될 때가 많습니다. 열정 가득했던 사랑으로 모든 것을 바칠 수 있다고 생각하며 결혼까지 했다가, 시간이 지나며 그 사랑이 식었을 때. 내 몸에서 나온 내 자식을 바라보며 한없이 사랑하는 마음이 솟구치다가, 시간이 지나며 내 뜻대로 되지 않아 그 마음이 식었을 때. 가장 사랑할 수 있을 것만 같았던, 가족, 배우자, 자녀들에게까지도 사랑이 식었을 때….

때론 권태기라고 여기며 지나가기도 하고. 몸이 너무 힘들어서, 마음이 너무 지쳐서라고 핑계를 대보기도 합니다. 그리고 어떻게든 다른 방법으로 이겨내보려고 노력하기도 합니다. 이러한 노력들이 사랑하는 데에 도움을 줄 때도 있지만, 상황이 힘들어지거나 시간이 지나면 다시 같은 상황에 봉착하기도 합니다.

내 안에 사랑 없음을 발견할 때, 우리는 좌절합니다. 그리고 '원래 그런 거야'라고 하며, 더 깊이 사랑하기를 포기하기도 합니다.

성경에도 그와 비슷한 한 인물이 있었습니다. 그는 예수님을 너무나 사랑했던 사람이었습니다. 수제자라고 불릴 정도로 열심은 그 누구보다도 앞섰습니다. 하지만 두려워서였을까요? 사람들에게 잡혀가신 예수님을 보고, 그는 예수님을 모른다고 이야기합니다.

시간이 흘러, 베드로는 자신의 사랑 없음에 크게 실망하며, 예수님께서 부르시기 이전 모습으로 돌아갑니다. 그 좌절의 모습은 우리의 모습과 크게 다르지 않아 보입니다.

하지만 그 베드로에게 부활하신 예수님이 찾아오셨습니다. 그리고 나를 사랑하느냐고 물으셨습니다. 베드로는 더 이상, 무조건적으로 예수님을 사랑(아가페)한다고 이야기하지 못했습니다. 하지만 친구, 가족 간에 사랑하는 마음(필레오)은 있다고 이야기합니다. 그리고 그 대답에 예수님은 베드로를 다시 제자로 부르십니다.

"네 양을 먹이라."

우리는 사랑 없음을 발견할 때, 놀라곤 합니다. 하지만 사실은 우리 안에 애초부터 그런 사랑은 없었습니다. 베드로도 마찬가지였지요. 그리고 예수님도 그 사실을 알고 계셨습니다.

열정 가득할 때는 그 사랑이 있는 것처럼 보이지만, 현실을 마주하게 될 때 신기루처럼 그 사랑은 사라집니다. 하지만 사랑 없음에 좌절할 필요도, 놀랄 필요도 없습니다. 우리는 인간입니다. 하나님이 아닙니다. 하나님도, 우리 안에 사랑 없음을 이미 알고 계시기 때문입니다.

중요한 것은, 우리 안에 그런 사랑이 없음을 인정하는 것입니다. 내 안에 사랑 없음을 인정하기 시작할 때, 비로소 하나님께서 일하실 공간이 생겨나기 시작합니다.

사랑하고 싶으나, 사랑하지 못하는 내 모습을 인정하고, 내 마음에 사랑을 부어달라고 하나님께 구할 때, 비로소 하나님의 사랑이 내 안에 임하기 시작합니다. 사랑이 내 안에 없음을 발견하는 것은, 사랑으로 나아가는 발걸음입니다. 사랑이 없음을 알게 될 때, 우리는 매일 기도하게 됩니다.

　　"아버지의 사랑하는 마음을 내 마음에 부어주셔서, 내 주변 사람들(내 배우자, 내 자녀, 오늘 만나는 모든 사람)을 사랑하게 하소서."

　　사랑을 구해야 합니다. 내 안에 그래도 사랑이 있을 것이라고 너무 기대하지 말고, 사랑이 없다고 좌절에 머무르지 말고, 원래 그런 것이라고 포기하지 말고, 우리는 사랑을 구해야 합니다. 그럴 때, 진정한 사랑이 우리도 모르는 사이에 임하게 될 것입니다.

사랑하는 자들아 우리가 서로 사랑하자

사랑은 하나님께 속한 것이니

사랑하는 자마다 하나님으로부터 나서

하나님을 알고

사랑하지 아니하는 자는 하나님을 알지 못하나니

이는 하나님은 사랑이심이라

요한일서 4장 7,8절

아빠, 아버지

초판 1쇄 발행　2020년 4월 13일

지은이　안재호
그린이　김경환

펴낸이　여진구
책임편집　안수경 최은정
편집　이영주 김윤향 최현수 김아진 정아혜
책임디자인　노지현 조아라 | 마영애 조은혜
기획·홍보　김영하　　　　　　　　해외저작권　기은혜
마케팅　김상순 강성민 허병용　　　마케팅지원　최영배 정나영
제작　조영석 정도봉　　　　　　　경영지원　김혜경 김경희

이슬비전도학교　최경식　　　　　　303비전성경암송학교　박정숙
303비전장학회 & 303비전꿈나무장학회　여운학

펴낸곳　규장

주소　06770 서울시 서초구 매헌로 16길 20(양재2동) 규장선교센터
전화　02)578-0003　팩스　02)578-7332
이메일　kyujang0691@gmail.com　　　홈페이지　www.kyujang.com
페이스북　facebook.com/kyujangbook　인스타그램　instagram.com/kyujang_com
카카오스토리　story.kakao.com/kyujangbook
등록일　1978.8.14. 제1-22

ⓒ 저작와의 협약 아래 인지는 생략되었습니다.
이 출판물은 저작권법에 의해 보호를 받는 저작물이므로 무단 전재와 무단 복제를 할 수 없습니다.

책값　뒤표지에 있습니다.
ISBN 979-11-6504-075-8 03230

규 | 장 | 수 | 칙

1. 기도로 기획하고 기도로 제작한다.
2. 오직 그리스도의 성품을 사모하는 독자가 원하고 필요로 하는 책만을 출판한다.
3. 한 활자 한 문장에 온 정성을 쏟는다.
4. 성실과 정확을 생명으로 삼고 일한다.
5. 긍정적이며 적극적인 신앙과 신행일치에의 안내자의 사명을 다한다.
6. 충고와 조언을 항상 감사로 경청한다.
7. 지상목표는 문서선교에 있다.

하나님을 사랑하는 자 곧 그의 뜻대로 부르심을 입은 자들에게는 모든 것이 合力하여 善을 이루느니라(롬 8:28)

규장은 문서를 통해 복음전파와 신앙교육에 주력하는 국제적 출판사들의
협의체인 복음주의출판협회(E.C.P.A:Evangelical Christian Publishers
Association)의 출판정신에 동참하는 회원(Associate Member)입니다.